다라니(진언)
사경 3

태교와 어린이를 위한 진언

운주사

머리말

진언眞言은 '거룩하고 참된 말'이라는 뜻으로 산스크리트어 만트라mantra를 번역한 것이다. 주呪, 신주神呪라고도 번역한다. 진언을 다라니dharani라고도 하는데, 다라니는 '모든 선함을 기억하여 지니고, 모든 악함을 일어나지 않게 막는다'는 의미로 총지總持, 능지能持, 능차能遮라 번역하기도 한다.

불교에서 진언은 수행의 한 방편으로 매우 중요시하였는데, 진언을 반복해서 외우거나, 진언 자체를 관하는 명상을 하거나, 정성껏 받아쓰는 등의 수행을 통하여 물질적·정신적 장해들을 극복하며, 마음을 정화하고 지혜를 얻어 궁극에는 깨달음에 도달하게 된다고 보았다.

진언 수행의 가장 일반적인 형태는 이를 반복해서 외우는 것이다. 외우는 방법에는 입으로 외우는 방법과 이를 정성껏 받아쓰며 외우는 방법이 있다. 다만 진언 사경은 입으로 외우는 것보다 시간이 더 걸린다는 점이 다르다. 그만큼 사경은 입으로 외우는 것보다 정성과 노력을 더 필요로 하는 수행인 것이다.

사경이란

사경은 부처님의 말씀을 옮겨 쓰는 것으로, 기도 수행의 한 방법이다. 즉 사경은 몸과 마음을 정갈히 가다듬고 부처님 말씀을 한 자 한 자 정성껏 옮겨 쓰는 수행 과정을 통해 불보살님의 가피를 받아 신심과 원력이 증장하고 바라는 소원이 성취되며, 늘 기쁨이 충만한 삶을 살다가 목숨을 마치고는 극락왕생하는 데 그 목적이 있다.

사경의 의의

부처님의 말씀은 경전을 통하여 우리에게 전해지고 있다. 따라서 경전의 말씀은 단순한 글자가 아니라 부처님이 깨달으신 진리를 상징하고 있다. 진리 자체는 문자로 나타낼 수 없지만 문자를 떠나서도 진리를 전하기 어렵다. 그러므로 경전에 쓰인 문자는 부처님께서 중생들을 진리로 인도하시려는 자비심의 상징이기도 하다.

사경을 통하여 우리는 부처님의 말씀을 보다 차분하게 깊이 이해할 수 있을 뿐 아니라, 정성을 다하여 사경하는 행위 그 자체가 훌륭한 수행이 된다는 사실을 알아야 한다. 그래서 옛 수행자들은 자신의 피로 사경을 하기도 하고, 한 글자를 쓸 때마다 삼배의 예를 올리기도 하였던 것이다.

이와 같이 사경은 부처님 말씀을 이해하고 자신의 마음을 맑히는 훌륭한 수행이자, 스스로의 정성을 부처님께 공양 올리는 거룩한 불사佛事라고 할 수 있다.

진언 사경의 공덕

부처님께서는 『법화경』, 『반야경』 등 여러 경전에서 사경의 공덕이 매우 수승하다고 말씀하신다. 예컨대 사경의 공덕은 무수한 세월 동안 부처님께 재물을 보시한 공덕보다 뛰어나고 탑을 조성하는 공덕보다 수승하다는 것 등이다. 진언(다라니) 사경에는 다음과 같은 공덕이 있다.

1. 몸과 마음이 평안해지고 신심과 지혜가 증대된다.
2. 현세를 살아가며 마주치는 모든 재난을 이겨내고 삿된 기운을 물리친다.
3. 전생부터 지금까지 지은 모든 업장이 소멸된다.
4. 바라는 바를 원만하게 성취할 수 있다.
5. 부처님 가르침을 기억하여 잊지 않게 되고, 기억력이 좋아져 머리가 총명해진다.

6. 마음이 편안하고 안정되어 부처님 마음과 감응하여 삼매를 성취할 수 있다.
7. 모든 불자들이 바라는 깨달음을 빨리 얻을 수 있다.
8. 하는 일이 잘되며, 어려운 일이 해결된다.
9. 현실의 물질적, 정신적 어려움이 사라진다.
10. 맺힌 원결들이 풀어지고 주변에 좋은 인연들이 모여든다.
11. 불보살님이 항상 가피해 주신다.
12. 선망 조상들과 인연 있는 이들뿐 아니라 스스로도 극락왕생한다.
13. 늘 기쁘고 행복하며, 자비심이 생겨 만나는 이들에게도 행복을 전해 준다.

사경하는 순서

다음은 사경을 하는 일반적인 순서이다. 하지만 오로지 진실한 마음이 중요한 것이니, 크게 구애받지 말고 상황에 따라 적절히 실행하면 된다.

1. 몸과 마음을 정갈히 가다듬는다.
2. 사경할 준비를 하고 초를 켜거나 향을 피운다.
3. 3배를 올리고 사경 발원문을 봉독한다.
4. 개인적인 발원을 올린다.
5. 정성껏 사경을 한다.(1자1배, 1자3배를 하기도 한다)
6. 모든 공덕을 중생들에게 회향하는 보회향진언으로 사경을 마무리한다.
7. 3배를 올리고 마친다.

*사경을 처음 시작할 때 언제까지 몇 번을 쓰겠다고 불보살님께 약속하고 시작하는 것이 좋다. 도중에 나태해지거나 그만 두는 것을 예방할 수 있기 때문이다. 1,000번, 3,000번, 10,000번 등 자신의 신심에 따라 발원하면 된다.

사경 발원문

참 진리의 고향이시자 중생을 구원하시는 대자대비하신 부처님!
시작 없는 전생에서부터 오늘에 이르기까지 제가 지은 모든 죄업을 부처님 전에 참회하나이다.
제가 이제 몸과 말과 뜻으로 부처님께 지극한 마음으로 귀의하며 사경의식을 봉행하오니, 이 인연 공덕으로 살아 있는 모든 생명의 행복과 해탈을 축원하옵니다. 또한 저와 인연 있는 이들이 다생겁래로 지어온 모든 업장이 소멸되고 바라는 모든 발원이 원만히 성취되게 하시어 감사하고 행복한 삶을 살다가, 끝내는 깨달음의 문을 열게 해주소서. 또한 선망 조상님과 여러 인연 있는 영가들이 극락왕생하여 영원한 행복을 누리게 하소서!

개인 발원문 (각자 바라는 발원을 적고 읽는다.)

....

....

....

....

....

불기   년   월   일

사경 제자 _____ 공경 합장

태교와 어린이를 위한 진언

『태교와 어린이를 위한 진언』은 태내에 있는 태아와 세상 밖에 나온 새 생명이 육체적, 정신적으로 건강하게 자라나기를 기원하는 간절한 마음을 담은 진언이다.

「호제동자護諸童子다라니」와 「장수멸죄長壽滅罪 호제동자다라니」를 지성으로 사경하면 불보살님의 보호를 받아 태아가 무탈하고 출산이 순조로우며, 건강하고 지혜로운 아이로 성장할 것이다.

호제동자護諸童子다라니

다냐타 보타보타보타 누마제 보디 보디 마례 식사야 사샤리 사다네 사라디 다례다례 바라다다례 사마니슈베 슈례 바라제 슈람샤미제 반타 반희 바아니 기마니 다바니 사바하 니바라니 사바하

장수멸죄長壽滅罪 호제동자다라니

바드미바 두미제비 해리해리 헤미제리 제라제려 후라후려 유려유라 유려바라 바려문 제진질 빈질 반서 말질 지나가리 사바하

사경 시작한 날 : 불기 _____ 년 ____월 ____일

호제동자護諸童子다라니

다냐타 보타보타보타 누마제 보디 보디 마례 식사야 사샤리 사다녜 사라디 다례다례 바라다 다례 사마니슈볘 슈례 바라제 슈람샤미제 반타 반희 바아니 기마니 다바니 사바하 니바라니 사바하

001
다냐타 보타보타보타 누마제 보디 보디 마례 식사야 사샤리 사다녜 사라디 다례다례 바라다다례 사마니슈볘 슈례 바라제 슈람샤미제 반타 반희 바아니 기마니 다바니 사바하 니바라니 사바하

002
다냐타 보타보타보타 누마제 보디 보디 마례 식사야 사샤리 사다녜 사라디 다례다례 바라다다례 사마

니슈볘 슈례 바라제 슈람샤미제 반
타 반희 바아니 기마니 다바니 사
바하 니바라니 사바하

003 다냐타 보타보타보타 누마제 보디
보디 마례 식사야 사샤리 사다녜
사라디 다례다례 바라다다례 사마
니슈볘 슈례 바라제 슈람샤미제 반
타 반희 바아니 기마니 다바니 사
바하 니바라니 사바하

004 다냐타 보타보타보타 누마제 보디
보디 마례 식사야 사샤리 사다녜
사라디 다례다례 바라다다례 사마
니슈볘 슈례 바라제 슈람샤미제 반
타 반희 바아니 기마니 다바니 사
바하 니바라니 사바하

005 다냐타 보라보라보라 누마제 보디
보디 마례 식사야 사샤리 사다녜
사라디 다례다례 바라다다례 사마
니슈베 슈례 바라제 슈람샤미제 반
타 반희 바아니 기마니 다바니 사
바하 니바라니 사바하

006 다냐타 보라보라보라 누마제 보디
보디 마례 식사야 사샤리 사다녜
사라디 다례다례 바라다다례 사마
니슈베 슈례 바라제 슈람샤미제 반
타 반희 바아니 기마니 다바니 사
바하 니바라니 사바하

007 다냐타 보라보라보라 누마제 보디
보디 마례 식사야 사샤리 사다녜
사라디 다례다례 바라다다례 사마

니슈볘 슈례 바라제 슈람샤미제 반타 반희 바아니 기마니 다바니 사바하 니바라니 사바하

008 다냐타 보타보타보타 누마제 보디 보디 마례 식사야 사샤리 사다녜 사라디 다례다례 바라다다례 사마 니슈볘 슈례 바라제 슈람샤미제 반타 반희 바아니 기마니 다바니 사바하 니바라니 사바하

009 다냐타 보타보타보타 누마제 보디 보디 마례 식사야 사샤리 사다녜 사라디 다례다례 바라다다례 사마 니슈볘 슈례 바라제 슈람샤미제 반타 반희 바아니 기마니 다바니 사바하 니바라니 사바하

010 다냐타 보타보타보타 누마제 보디 보디 마례 식사야 사샤리 사다녜 사라디 다례다례 바라다다례 사마니슈베 슈례 바라제 슈람샤미제 반타 반희 바아니 기마니 다바니 사바하 니바라니 사바하

011 다냐타 보타보타보타 누마제 보디 보디 마례 식사야 사샤리 사다녜 사라디 다례다례 바라다다례 사마니슈베 슈례 바라제 슈람샤미제 반타 반희 바아니 기마니 다바니 사바하 니바라니 사바하

012 다냐타 보타보타보타 누마제 보디 보디 마례 식사야 사샤리 사다녜 사라디 다례다례 바라다다례 사마

니슈뻬 슈례 바라제 슈람샤미제 반
타 반희 바아니 기마니 다바니 사
바하 니바라니 사바하

013 다냐타 보타보타보타 누마제 보디
보디 마례 식사야 사샤리 사다녜
사라디 다례다례 바라다다례 사마
니슈뻬 슈례 바라제 슈람샤미제 반
타 반희 바아니 기마니 다바니 사
바하 니바라니 사바하

014 다냐타 보타보타보타 누마제 보디
보디 마례 식사야 사샤리 사다녜
사라디 다례다례 바라다다례 사마
니슈뻬 슈례 바라제 슈람샤미제 반
타 반희 바아니 기마니 다바니 사
바하 니바라니 사바하

015 다냐타 보타보타보타 누마제 보디
보디 마례 식사야 사샤리 사다녜
사라디 다례다례 바라다다례 사마
니슈볘 슈례 바라제 슈람샤미제 반
타 반희 바아니 기마니 다바니 사
바하 니바라니 사바하

016 다냐타 보타보타보타 누마제 보디
보디 마례 식사야 사샤리 사다녜
사라디 다례다례 바라다다례 사마
니슈볘 슈례 바라제 슈람샤미제 반
타 반희 바아니 기마니 다바니 사
바하 니바라니 사바하

017 다냐타 보타보타보타 누마제 보디
보디 마례 식사야 사샤리 사다녜
사라디 다례다례 바라다다례 사마

니슈뼤 슈례 바라제 슈람샤미제 반타 반희 바아니 기마니 다바니 사바하 니바라니 사바하

018 다냐타 보타보타보타 누마제 보디보디 마례 식사야 사샤리 사다녜 사라디 다례다례 바라다다례 사마 니슈뼤 슈례 바라제 슈람샤미제 반타 반희 바아니 기마니 다바니 사바하 니바라니 사바하

019 다냐타 보타보타보타 누마제 보디보디 마례 식사야 사샤리 사다녜 사라디 다례다례 바라다다례 사마 니슈뼤 슈례 바라제 슈람샤미제 반타 반희 바아니 기마니 다바니 사바하 니바라니 사바하

020 다냐타 보타보타보타 누마제 보디
보디 마례 식사야 사샤리 사다녜
사라디 다례다례 바라다다례 사마
니슈볘 슈례 바라제 슈람샤미제 반
타 반희 바아니 기마니 다바니 사
바하 니바라니 사바하

021 다냐타 보타보타보타 누마제 보디
보디 마례 식사야 사샤리 사다녜
사라디 다례다례 바라다다례 사마
니슈볘 슈례 바라제 슈람샤미제 반
타 반희 바아니 기마니 다바니 사
바하 니바라니 사바하

022 다냐타 보타보타보타 누마제 보디
보디 마례 식사야 사샤리 사다녜
사라디 다례다례 바라다다례 사마

니슈뻬 슈례 바라제 슈람샤미제 반타 반희 바아니 기마니 다바니 사바하 니바라니 사바하

023 다냐타 보타보타보타 누마제 보디보디 마례 식사야 사샤리 사다녜 사라디 다례다례 바라다다례 사마니슈뻬 슈례 바라제 슈람샤미제 반타 반희 바아니 기마니 다바니 사바하 니바라니 사바하

024 다냐타 보타보타보타 누마제 보디보디 마례 식사야 사샤리 사다녜 사라디 다례다례 바라다다례 사마니슈뻬 슈례 바라제 슈람샤미제 반타 반희 바아니 기마니 다바니 사바하 니바라니 사바하

025 다냐타 보라보라보라 누마제 보디 보디 마례 식사야 사샤리 사다녜 사라디 다례다례 바라다다례 사마니슈볘 슈례 바라제 슈람샤미제 반타 반희 바아니 기마니 다바니 사바하 니바라니 사바하

026 다냐타 보라보라보라 누마제 보디 보디 마례 식사야 사샤리 사다녜 사라디 다례다례 바라다다례 사마니슈볘 슈례 바라제 슈람샤미제 반타 반희 바아니 기마니 다바니 사바하 니바라니 사바하

027 다냐타 보라보라보라 누마제 보디 보디 마례 식사야 사샤리 사다녜 사라디 다례다례 바라다다례 사마

니슈볘 슈례 바라제 슈람샤미제 반타 반희 바아니 기마니 다바니 사바하 니바라니 사바하

028 다냐타 보타보타보타 누마제 보디 보디 마례 식사야 사샤리 사다녜 사라디 다례다례 바라다다례 사마 니슈볘 슈례 바라제 슈람샤미제 반타 반희 바아니 기마니 다바니 사바하 니바라니 사바하

029 다냐타 보타보타보타 누마제 보디 보디 마례 식사야 사샤리 사다녜 사라디 다례다례 바라다다례 사마 니슈볘 슈례 바라제 슈람샤미제 반타 반희 바아니 기마니 다바니 사바하 니바라니 사바하

030 다냐타 보타보타보타 누마제 보디 보디 마례 식사야 사샤리 사다녜 사라디 다례다례 바라다다례 사마니슈볘 슈례 바라제 슈람샤미제 반타 반희 바아니 기마니 다바니 사바하 니바라니 사바하

031 다냐타 보타보타보타 누마제 보디 보디 마례 식사야 사샤리 사다녜 사라디 다례다례 바라다다례 사마니슈볘 슈례 바라제 슈람샤미제 반타 반희 바아니 기마니 다바니 사바하 니바라니 사바하

032 다냐타 보타보타보타 누마제 보디 보디 마례 식사야 사샤리 사다녜 사라디 다례다례 바라다다례 사마

니슈볘 슈례 바라제 슈람샤미제 반타 반희 바아니 기마니 다바니 사바하 니바라니 사바하

033 다냐타 보타보타보타 누마제 보디 보디 마례 식사야 사샤리 사다녜 사라디 다례다례 바라다다례 사마 니슈볘 슈례 바라제 슈람샤미제 반타 반희 바아니 기마니 다바니 사바하 니바라니 사바하

034 다냐타 보타보타보타 누마제 보디 보디 마례 식사야 사샤리 사다녜 사라디 다례다례 바라다다례 사마 니슈볘 슈례 바라제 슈람샤미제 반타 반희 바아니 기마니 다바니 사바하 니바라니 사바하

035 다냐타 보타보타보타 누마제 보디 보디 마례 식사야 사샤리 사다녜 사라디 다례다례 바라다다례 사마니슈볘 슈례 바라제 슈람샤미제 반타 반희 바아니 기마니 다바니 사바하 니바라니 사바하

036 다냐타 보타보타보타 누마제 보디 보디 마례 식사야 사샤리 사다녜 사라디 다례다례 바라다다례 사마니슈볘 슈례 바라제 슈람샤미제 반타 반희 바아니 기마니 다바니 사바하 니바라니 사바하

037 다냐타 보타보타보타 누마제 보디 보디 마례 식사야 사샤리 사다녜 사라디 다례다례 바라다다례 사마

니슈볘 슈례 바라졔 슈람샤미졔 반타 반희 바아니 기마니 다바니 사바하 니바라니 사바하

038 다냐타 보타보타보타 누마졔 보디보디 마례 식사야 사샤리 사다녜 사라디 다례다례 바라다다례 사마니슈볘 슈례 바라졔 슈람샤미졔 반타 반희 바아니 기마니 다바니 사바하 니바라니 사바하

039 다냐타 보타보타보타 누마졔 보디보디 마례 식사야 사샤리 사다녜 사라디 다례다례 바라다다례 사마니슈볘 슈례 바라졔 슈람샤미졔 반타 반희 바아니 기마니 다바니 사바하 니바라니 사바하

040 다냐타 보타보타보타 누마제 보디 보디 마례 식사야 사샤리 사다녜 사라디 다례다례 바라다다례 사마니슈베 슈례 바라제 슈람샤미제 반타 반희 바아니 기마니 다바니 사바하 니바라니 사바하

041 다냐타 보타보타보타 누마제 보디 보디 마례 식사야 사샤리 사다녜 사라디 다례다례 바라다다례 사마니슈베 슈례 바라제 슈람샤미제 반타 반희 바아니 기마니 다바니 사바하 니바라니 사바하

042 다냐타 보타보타보타 누마제 보디 보디 마례 식사야 사샤리 사다녜 사라디 다례다례 바라다다례 사마

니슈베 슈례 바라제 슈람샤미제 반
타 반희 바아니 기마니 다바니 사
바하 니바라니 사바하

043 다냐타 보타보타보타 누마제 보디
보디 마례 식사야 사샤리 사다녜
사라디 다례다례 바라다다례 사마
니슈베 슈례 바라제 슈람샤미제 반
타 반희 바아니 기마니 다바니 사
바하 니바라니 사바하

044 다냐타 보타보타보타 누마제 보디
보디 마례 식사야 사샤리 사다녜
사라디 다례다례 바라다다례 사마
니슈베 슈례 바라제 슈람샤미제 반
타 반희 바아니 기마니 다바니 사
바하 니바라니 사바하

045 다냐타 보타보타보타 누마제 보디 보디 마례 식사야 사샤리 사다녜 사라디 다례다례 바라다다례 사마니슈베 슈례 바라제 슈람샤미제 반타 반희 바아니 기마니 다바니 사바하 니바라니 사바하

046 다냐타 보타보타보타 누마제 보디 보디 마례 식사야 사샤리 사다녜 사라디 다례다례 바라다다례 사마니슈베 슈례 바라제 슈람샤미제 반타 반희 바아니 기마니 다바니 사바하 니바라니 사바하

047 다냐타 보타보타보타 누마제 보디 보디 마례 식사야 사샤리 사다녜 사라디 다례다례 바라다다례 사마

니슈볘 슈례 바라제 슈람샤미제 반타 반희 바아니 기마니 다바니 사바하 니바라니 사바하

048 다냐타 보라보라보라 누마제 보디보디 마례 식사야 사샤리 사다녜 사라디 다례다례 바라다다례 사마니슈볘 슈례 바라제 슈람샤미제 반타 반희 바아니 기마니 다바니 사바하 니바라니 사바하

049 다냐타 보라보라보라 누마제 보디보디 마례 식사야 사샤리 사다녜 사라디 다례다례 바라다다례 사마니슈볘 슈례 바라제 슈람샤미제 반타 반희 바아니 기마니 다바니 사바하 니바라니 사바하

050 다냐타 보타보타보타 누마제 보디 보디 마례 식사야 사샤리 사다녜 사라디 다례다례 바라다다례 사마니슈볘 슈례 바라제 슈람샤미제 반타 반희 바아니 기마니 다바니 사바하 니바라니 사바하

051 다냐타 보타보타보타 누마제 보디 보디 마례 식사야 사샤리 사다녜 사라디 다례다례 바라다다례 사마니슈볘 슈례 바라제 슈람샤미제 반타 반희 바아니 기마니 다바니 사바하 니바라니 사바하

052 다냐타 보타보타보타 누마제 보디 보디 마례 식사야 사샤리 사다녜 사라디 다례다례 바라다다례 사마

니슈뼤 슈례 바라제 슈람샤미제 반
타 반희 바아니 기마니 다바니 사
바하 니바라니 사바하

053 다냐타 보타보타보타 누마제 보디
보디 마례 식사야 사샤리 사다녜
사라디 다례다례 바라다다례 사마
니슈뼤 슈례 바라제 슈람샤미제 반
타 반희 바아니 기마니 다바니 사
바하 니바라니 사바하

054 다냐타 보타보타보타 누마제 보디
보디 마례 식사야 사샤리 사다녜
사라디 다례다례 바라다다례 사마
니슈뼤 슈례 바라제 슈람샤미제 반
타 반희 바아니 기마니 다바니 사
바하 니바라니 사바하

055 다냐타 보타보타보타 누마제 보디 보디 마례 식사야 사샤리 사다녜 사라디 다례다례 바라다다례 사마니슈볘 슈례 바라제 슈람샤미제 반타 반희 바아니 기마니 다바니 사바하 니바라니 사바하

056 다냐타 보타보타보타 누마제 보디 보디 마례 식사야 사샤리 사다녜 사라디 다례다례 바라다다례 사마니슈볘 슈례 바라제 슈람샤미제 반타 반희 바아니 기마니 다바니 사바하 니바라니 사바하

057 다냐타 보타보타보타 누마제 보디 보디 마례 식사야 사샤리 사다녜 사라디 다례다례 바라다다례 사마

니슈볘 슈례 바라제 슈람샤미제 반
타 반희 바아니 기마니 다바니 사
바하 니바라니 사바하

058 다냐타 보타보타보타 누마제 보디
보디 마례 식사야 사샤리 사다녜
사라디 다례다례 바라다다례 사마
니슈볘 슈례 바라제 슈람샤미제 반
타 반희 바아니 기마니 다바니 사
바하 니바라니 사바하

059 다냐타 보타보타보타 누마제 보디
보디 마례 식사야 사샤리 사다녜
사라디 다례다례 바라다다례 사마
니슈볘 슈례 바라제 슈람샤미제 반
타 반희 바아니 기마니 다바니 사
바하 니바라니 사바하

060 다냐타 보타보타보타 누마제 보디
보디 마례 식사야 사샤리 사다녜
사라디 다례다례 바라다다례 사마
니슈볘 슈례 바라제 슈람샤미제 반
타 반희 바아니 기마니 다바니 사
바하 니바라니 사바하

061 다냐타 보타보타보타 누마제 보디
보디 마례 식사야 사샤리 사다녜
사라디 다례다례 바라다다례 사마
니슈볘 슈례 바라제 슈람샤미제 반
타 반희 바아니 기마니 다바니 사
바하 니바라니 사바하

062 다냐타 보타보타보타 누마제 보디
보디 마례 식사야 사샤리 사다녜
사라디 다례다례 바라다다례 사마

니슈베 슈레 바라제 슈람샤미제 반
타 반희 바아니 기마니 다바니 사
바하 니바라니 사바하

063 다냐타 보라보라보라 누마제 보디
보디 마례 식사야 사샤리 사다녜
사라디 다례다례 바라다다례 사마
니슈베 슈레 바라제 슈람샤미제 반
타 반희 바아니 기마니 다바니 사
바하 니바라니 사바하

064 다냐타 보라보라보라 누마제 보디
보디 마례 식사야 사샤리 사다녜
사라디 다례다례 바라다다례 사마
니슈베 슈레 바라제 슈람샤미제 반
타 반희 바아니 기마니 다바니 사
바하 니바라니 사바하

065 다냐타 보라보라보라 누마제 보디
보디 마례 식사야 사샤리 사다녜
사라디 다례다례 바라다다례 사마
니슈볘 슈례 바라제 슈람샤미제 반
타 반희 바아니 기마니 다바니 사
바하 니바라니 사바하

066 다냐타 보라보라보라 누마제 보디
보디 마례 식사야 사샤리 사다녜
사라디 다례다례 바라다다례 사마
니슈볘 슈례 바라제 슈람샤미제 반
타 반희 바아니 기마니 다바니 사
바하 니바라니 사바하

067 다냐타 보라보라보라 누마제 보디
보디 마례 식사야 사샤리 사다녜
사라디 다례다례 바라다다례 사마

니슈베 슈레 바라제 슈람샤미제 반
타 반희 바아니 기마니 다바니 사
바하 니바라니 사바하

068 다냐타 보라보라보라 누마제 보디
보디 마레 식사야 사샤리 사다녜
사라디 다례다례 바라다다례 사마
니슈베 슈레 바라제 슈람샤미제 반
타 반희 바아니 기마니 다바니 사
바하 니바라니 사바하

069 다냐타 보라보라보라 누마제 보디
보디 마레 식사야 사샤리 사다녜
사라디 다례다례 바라다다례 사마
니슈베 슈레 바라제 슈람샤미제 반
타 반희 바아니 기마니 다바니 사
바하 니바라니 사바하

070 다냐타 보라보라보라 누마제 보디 보디 마례 식사야 사샤리 사다녜 사라디 다례다례 바라다다례 사마니슈볘 슈례 바라제 슈람샤미제 반타 반희 바아니 기마니 다바니 사바하 니바라니 사바하

071 다냐타 보라보라보라 누마제 보디 보디 마례 식사야 사샤리 사다녜 사라디 다례다례 바라다다례 사마니슈볘 슈례 바라제 슈람샤미제 반타 반희 바아니 기마니 다바니 사바하 니바라니 사바하

072 다냐타 보라보라보라 누마제 보디 보디 마례 식사야 사샤리 사다녜 사라디 다례다례 바라다다례 사마

니슈볘 슈례 바라제 슈람샤미제 반
타 반희 바아니 기마니 다바니 사
바하 니바라니 사바하

073 다냐타 보타보타보타 누마제 보디
보디 마례 식사야 사샤리 사다녜
사라디 다례다례 바라다다례 사마
니슈볘 슈례 바라제 슈람샤미제 반
타 반희 바아니 기마니 다바니 사
바하 니바라니 사바하

074 다냐타 보타보타보타 누마제 보디
보디 마례 식사야 사샤리 사다녜
사라디 다례다례 바라다다례 사마
니슈볘 슈례 바라제 슈람샤미제 반
타 반희 바아니 기마니 다바니 사
바하 니바라니 사바하

075 다냐타 보타보타보타 누마제 보디
보디 마례 식사야 사샤리 사다녜
사라디 다례다례 바라다다례 사마
니슈볘 슈례 바라제 슈람샤미제 반
타 반희 바아니 기마니 다바니 사
바하 니바라니 사바하

076 다냐타 보타보타보타 누마제 보디
보디 마례 식사야 사샤리 사다녜
사라디 다례다례 바라다다례 사마
니슈볘 슈례 바라제 슈람샤미제 반
타 반희 바아니 기마니 다바니 사
바하 니바라니 사바하

077 다냐타 보타보타보타 누마제 보디
보디 마례 식사야 사샤리 사다녜
사라디 다례다례 바라다다례 사마

니슈베 슈례 바라제 슈람샤미제 반
타 반희 바아니 기마니 다바니 사
바하 니바라니 사바하

⁰⁷⁸ 다냐타 보타보타보타 누마제 보디
보디 마례 식사야 사샤리 사다녜
사라디 다례다례 바라다다례 사마
니슈베 슈례 바라제 슈람샤미제 반
타 반희 바아니 기마니 다바니 사
바하 니바라니 사바하

⁰⁷⁹ 다냐타 보타보타보타 누마제 보디
보디 마례 식사야 사샤리 사다녜
사라디 다례다례 바라다다례 사마
니슈베 슈례 바라제 슈람샤미제 반
타 반희 바아니 기마니 다바니 사
바하 니바라니 사바하

080 다냐타 보라보라보라 누마제 보디 보디 마례 식사야 사샤리 사다녜 사라디 다례다례 바라다다례 사마니슈볘 슈례 바라제 슈람샤미제 반타 반희 바아니 기마니 다바니 사바하 니바라니 사바하

081 다냐타 보라보라보라 누마제 보디 보디 마례 식사야 사샤리 사다녜 사라디 다례다례 바라다다례 사마니슈볘 슈례 바라제 슈람샤미제 반타 반희 바아니 기마니 다바니 사바하 니바라니 사바하

082 다냐타 보라보라보라 누마제 보디 보디 마례 식사야 사샤리 사다녜 사라디 다례다례 바라다다례 사마

니슈볘 슈례 바라제 슈람샤미제 반
타 반희 바아니 기마니 다바니 사
바하 니바라니 사바하

083 다냐타 보타보타보타 누마제 보디
보디 마례 식사야 사샤리 사다녜
사라디 다례다례 바라다다례 사마
니슈볘 슈례 바라제 슈람샤미제 반
타 반희 바아니 기마니 다바니 사
바하 니바라니 사바하

084 다냐타 보타보타보타 누마제 보디
보디 마례 식사야 사샤리 사다녜
사라디 다례다례 바라다다례 사마
니슈볘 슈례 바라제 슈람샤미제 반
타 반희 바아니 기마니 다바니 사
바하 니바라니 사바하

085 다냐타 보타보타보타 누마제 보디 보디 마례 식사야 사샤리 사다녜 사라디 다례다례 바라다다례 사마니슈볘 슈례 바라제 슈람샤미제 반타 반희 바아니 기마니 다바니 사바하 니바라니 사바하

086 다냐타 보타보타보타 누마제 보디 보디 마례 식사야 사샤리 사다녜 사라디 다례다례 바라다다례 사마니슈볘 슈례 바라제 슈람샤미제 반타 반희 바아니 기마니 다바니 사바하 니바라니 사바하

087 다냐타 보타보타보타 누마제 보디 보디 마례 식사야 사샤리 사다녜 사라디 다례다례 바라다다례 사마

니슈베 슈례 바라제 슈람샤미제 반타 반희 바아니 기마니 다바니 사바하 니바라니 사바하

088 다냐타 보라보라보라 누마제 보디보디 마례 식사야 사샤리 사다녜 사라디 다례다례 바라다다례 사마니슈베 슈례 바라제 슈람샤미제 반타 반희 바아니 기마니 다바니 사바하 니바라니 사바하

089 다냐타 보라보라보라 누마제 보디보디 마례 식사야 사샤리 사다녜 사라디 다례다례 바라다다례 사마니슈베 슈례 바라제 슈람샤미제 반타 반희 바아니 기마니 다바니 사바하 니바라니 사바하

090 다냐타 보타보타보타 누마제 보디
보디 마례 식사야 사샤리 사다녜
사라디 다례다례 바라다다례 사마
니슈뻬 슈례 바라제 슈람샤미제 반
타 반희 바아니 기마니 다바니 사
바하 니바라니 사바하

091 다냐타 보타보타보타 누마제 보디
보디 마례 식사야 사샤리 사다녜
사라디 다례다례 바라다다례 사마
니슈뻬 슈례 바라제 슈람샤미제 반
타 반희 바아니 기마니 다바니 사
바하 니바라니 사바하

092 다냐타 보타보타보타 누마제 보디
보디 마례 식사야 사샤리 사다녜
사라디 다례다례 바라다다례 사마

니슈볘 슈례 바라제 슈람샤미제 반
타 반희 바아니 기마니 다바니 사
바하 니바라니 사바하

093 다냐타 보타보타보타 누마제 보디
보디 마례 식사야 사샤리 사다녜
사라디 다례다례 바라다다례 사마
니슈볘 슈례 바라제 슈람샤미제 반
타 반희 바아니 기마니 다바니 사
바하 니바라니 사바하

094 다냐타 보타보타보타 누마제 보디
보디 마례 식사야 사샤리 사다녜
사라디 다례다례 바라다다례 사마
니슈볘 슈례 바라제 슈람샤미제 반
타 반희 바아니 기마니 다바니 사
바하 니바라니 사바하

095 다냐타 보타보타보타 누마제 보디
보디 마례 식사야 사샤리 사다녜
사라디 다례다례 바라다다례 사마
니슈볘 슈례 바라제 슈람샤미제 반
타 반희 바아니 기마니 다바니 사
바하 니바라니 사바하

096 다냐타 보타보타보타 누마제 보디
보디 마례 식사야 사샤리 사다녜
사라디 다례다례 바라다다례 사마
니슈볘 슈례 바라제 슈람샤미제 반
타 반희 바아니 기마니 다바니 사
바하 니바라니 사바하

097 다냐타 보타보타보타 누마제 보디
보디 마례 식사야 사샤리 사다녜
사라디 다례다례 바라다다례 사마

니슈볘 슈례 바라제 슈람샤미제 반
타 반희 바아니 기마니 다바니 사
바하 니바라니 사바하

098 다냐타 보타보타보타 누마제 보디
보디 마례 식사야 사샤리 사다녜
사라디 다례다례 바라다다례 사마
니슈볘 슈례 바라제 슈람샤미제 반
타 반희 바아니 기마니 다바니 사
바하 니바라니 사바하

099 다냐타 보타보타보타 누마제 보디
보디 마례 식사야 사샤리 사다녜
사라디 다례다례 바라다다례 사마
니슈볘 슈례 바라제 슈람샤미제 반
타 반희 바아니 기마니 다바니 사
바하 니바라니 사바하

100 다냐타 보타보타보타 누마제 보디
보디 마례 식사야 사샤리 사다녜
사라디 다례다례 바라다다례 사마
니슈볘 슈례 바라제 슈람샤미제 반
타 반희 바아니 기마니 다바니 사
바하 니바라니 사바하

101 다냐타 보타보타보타 누마제 보디
보디 마례 식사야 사샤리 사다녜
사라디 다례다례 바라다다례 사마
니슈볘 슈례 바라제 슈람샤미제 반
타 반희 바아니 기마니 다바니 사
바하 니바라니 사바하

102 다냐타 보타보타보타 누마제 보디
보디 마례 식사야 사샤리 사다녜
사라디 다례다례 바라다다례 사마

니슈베 슈례 바라제 슈람샤미제 반타 반희 바아니 기마니 다바니 사바하 니바라니 사바하

[103] 다냐타 보타보타보타 누마제 보디보디 마례 식사야 사샤리 사다녜 사라디 다례다례 바라다다례 사마니슈베 슈례 바라제 슈람샤미제 반타 반희 바아니 기마니 다바니 사바하 니바라니 사바하

[104] 다냐타 보타보타보타 누마제 보디보디 마례 식사야 사샤리 사다녜 사라디 다례다례 바라다다례 사마니슈베 슈례 바라제 슈람샤미제 반타 반희 바아니 기마니 다바니 사바하 니바라니 사바하

105 다냐타 보타보타보타 누마제 보디 보디 마례 식사야 사샤리 사다녜 사라디 다례다례 바라다다례 사마니슈볘 슈례 바라제 슈람샤미제 반타 반희 바아니 기마니 다바니 사바하 니바라니 사바하

106 다냐타 보타보타보타 누마제 보디 보디 마례 식사야 사샤리 사다녜 사라디 다례다례 바라다다례 사마니슈볘 슈례 바라제 슈람샤미제 반타 반희 바아니 기마니 다바니 사바하 니바라니 사바하

107 다냐타 보타보타보타 누마제 보디 보디 마례 식사야 사샤리 사다녜 사라디 다례다례 바라다다례 사마

니슈볘 슈례 바라제 슈람샤미제 반
타 반희 바아니 기마니 다바니 사
바하 니바라니 사바하

[108] 다냐타 보타보타보타 누마제 보디
보디 마례 식사야 사샤리 사다녜
사라디 다례다례 바라다다례 사마
니슈볘 슈례 바라제 슈람샤미제 반
타 반희 바아니 기마니 다바니 사
바하 니바라니 사바하

[109] 다냐타 보타보타보타 누마제 보디
보디 마례 식사야 사샤리 사다녜
사라디 다례다례 바라다다례 사마
니슈볘 슈례 바라제 슈람샤미제 반
타 반희 바아니 기마니 다바니 사
바하 니바라니 사바하

110 다냐타 보타보타보타 누마제 보디
보디 마례 식사야 사샤리 사다녜
사라디 다례다례 바라다다례 사마
니슈볘 슈례 바라제 슈람샤미제 반
타 반희 바아니 기마니 다바니 사
바하 니바라니 사바하

111 다냐타 보타보타보타 누마제 보디
보디 마례 식사야 사샤리 사다녜
사라디 다례다례 바라다다례 사마
니슈볘 슈례 바라제 슈람샤미제 반
타 반희 바아니 기마니 다바니 사
바하 니바라니 사바하

112 다냐타 보타보타보타 누마제 보디
보디 마례 식사야 사샤리 사다녜
사라디 다례다례 바라다다례 사마

니슈볘 슈례 바라제 슈람샤미제 반
타 반희 바아니 기마니 다바니 사
바하 니바라니 사바하

[113] 다냐타 보라보라보라 누마제 보디
보디 마례 식사야 사샤리 사다녜
사라디 다례다례 바라다다례 사마
니슈볘 슈례 바라제 슈람샤미제 반
타 반희 바아니 기마니 다바니 사
바하 니바라니 사바하

[114] 다냐타 보라보라보라 누마제 보디
보디 마례 식사야 사샤리 사다녜
사라디 다례다례 바라다다례 사마
니슈볘 슈례 바라제 슈람샤미제 반
타 반희 바아니 기마니 다바니 사
바하 니바라니 사바하

115 다냐타 보타보타보타 누마제 보디
보디 마례 식사야 사샤리 사다녜
사라디 다례다례 바라다다례 사마
니슈볘 슈례 바라제 슈람샤미제 반
타 반희 바아니 기마니 다바니 사
바하 니바라니 사바하

116 다냐타 보타보타보타 누마제 보디
보디 마례 식사야 사샤리 사다녜
사라디 다례다례 바라다다례 사마
니슈볘 슈례 바라제 슈람샤미제 반
타 반희 바아니 기마니 다바니 사
바하 니바라니 사바하

117 다냐타 보타보타보타 누마제 보디
보디 마례 식사야 사샤리 사다녜
사라디 다례다례 바라다다례 사마

니슈볘 슈례 바라제 슈람샤미제 반
타 반희 바아니 기마니 다바니 사
바하 니바라니 사바하

[118] 다냐타 보타보타보타 누마제 보디
보디 마례 식사야 사샤리 사다녜
사라디 다례다례 바라다다례 사마
니슈볘 슈례 바라제 슈람샤미제 반
타 반희 바아니 기마니 다바니 사
바하 니바라니 사바하

[119] 다냐타 보타보타보타 누마제 보디
보디 마례 식사야 사샤리 사다녜
사라디 다례다례 바라다다례 사마
니슈볘 슈례 바라제 슈람샤미제 반
타 반희 바아니 기마니 다바니 사
바하 니바라니 사바하

¹²⁰다냐타 보타보타보타 누마제 보디
보디 마례 식사야 사샤리 사다녜
사라디 다례다례 바라다다례 사마
니슈볘 슈례 바라제 슈람샤미제 반
타 반희 바아니 기마니 다바니 사
바하 니바라니 사바하

¹²¹다냐타 보타보타보타 누마제 보디
보디 마례 식사야 사샤리 사다녜
사라디 다례다례 바라다다례 사마
니슈볘 슈례 바라제 슈람샤미제 반
타 반희 바아니 기마니 다바니 사
바하 니바라니 사바하

¹²²다냐타 보타보타보타 누마제 보디
보디 마례 식사야 사샤리 사다녜
사라디 다례다례 바라다다례 사마

니슈뻬 슈례 바라제 슈람샤미제 반
타 반희 바아니 기마니 다바니 사
바하 니바라니 사바하

¹²³다냐타 보타보타보타 누마제 보디
보디 마례 식사야 사샤리 사다녜
사라디 다례다례 바라다다례 사마
니슈뻬 슈례 바라제 슈람샤미제 반
타 반희 바아니 기마니 다바니 사
바하 니바라니 사바하

¹²⁴다냐타 보타보타보타 누마제 보디
보디 마례 식사야 사샤리 사다녜
사라디 다례다례 바라다다례 사마
니슈뻬 슈례 바라제 슈람샤미제 반
타 반희 바아니 기마니 다바니 사
바하 니바라니 사바하

125 다냐타 보타보타보타 누마제 보디 보디 마례 식사야 사샤리 사다녜 사라디 다례다례 바라다다례 사마니슈베 슈례 바라제 슈람샤미제 반타 반희 바아니 기마니 다바니 사바하 니바라니 사바하

126 다냐타 보타보타보타 누마제 보디 보디 마례 식사야 사샤리 사다녜 사라디 다례다례 바라다다례 사마니슈베 슈례 바라제 슈람샤미제 반타 반희 바아니 기마니 다바니 사바하 니바라니 사바하

127 다냐타 보타보타보타 누마제 보디 보디 마례 식사야 사샤리 사다녜 사라디 다례다례 바라다다례 사마

니슈볘 슈례 바라제 슈람샤미제 반
타 반희 바아니 기마니 다바니 사
바하 니바라니 사바하

[128] 다냐타 보타보타보타 누마제 보디
보디 마례 식사야 사샤리 사다녜
사라디 다례다례 바라다다례 사마
니슈볘 슈례 바라제 슈람샤미제 반
타 반희 바아니 기마니 다바니 사
바하 니바라니 사바하

[129] 다냐타 보타보타보타 누마제 보디
보디 마례 식사야 사샤리 사다녜
사라디 다례다례 바라다다례 사마
니슈볘 슈례 바라제 슈람샤미제 반
타 반희 바아니 기마니 다바니 사
바하 니바라니 사바하

130 다냐타 보타보타보타 누마제 보디 보디 마례 식사야 사샤리 사다녜 사라디 다례다례 바라다다례 사마니슈볘 슈례 바라제 슈람샤미제 반타 반희 바아니 기마니 다바니 사바하 니바라니 사바하

131 다냐타 보타보타보타 누마제 보디 보디 마례 식사야 사샤리 사다녜 사라디 다례다례 바라다다례 사마니슈볘 슈례 바라제 슈람샤미제 반타 반희 바아니 기마니 다바니 사바하 니바라니 사바하

132 다냐타 보타보타보타 누마제 보디 보디 마례 식사야 사샤리 사다녜 사라디 다례다례 바라다다례 사마

니슈볘 슈례 바라제 슈람샤미제 반타 반희 바아니 기마니 다바니 사바하 니바라니 사바하

[133] 다냐타 보타보타보타 누마제 보디 보디 마례 식사야 사샤리 사다녜 사라디 다례다례 바라다다례 사마 니슈볘 슈례 바라제 슈람샤미제 반타 반희 바아니 기마니 다바니 사바하 니바라니 사바하

[134] 다냐타 보타보타보타 누마제 보디 보디 마례 식사야 사샤리 사다녜 사라디 다례다례 바라다다례 사마 니슈볘 슈례 바라제 슈람샤미제 반타 반희 바아니 기마니 다바니 사바하 니바라니 사바하

135 다냐타 보타보타보타 누마제 보디
보디 마례 식사야 사샤리 사다녜
사라디 다례다례 바라다다례 사마
니슈볘 슈례 바라제 슈람샤미제 반
타 반희 바아니 기마니 다바니 사
바하 니바라니 사바하

136 다냐타 보타보타보타 누마제 보디
보디 마례 식사야 사샤리 사다녜
사라디 다례다례 바라다다례 사마
니슈볘 슈례 바라제 슈람샤미제 반
타 반희 바아니 기마니 다바니 사
바하 니바라니 사바하

137 다냐타 보타보타보타 누마제 보디
보디 마례 식사야 사샤리 사다녜
사라디 다례다례 바라다다례 사마

니슈볘 슈례 바라제 슈람샤미제 반
타 반희 바아니 기마니 다바니 사
바하 니바라니 사바하

[138] 다냐타 보라보라보라 누마제 보디
보디 마례 식사야 사샤리 사다녜
사라디 다례다례 바라다다례 사마
니슈볘 슈례 바라제 슈람샤미제 반
타 반희 바아니 기마니 다바니 사
바하 니바라니 사바하

[139] 다냐타 보라보라보라 누마제 보디
보디 마례 식사야 사샤리 사다녜
사라디 다례다례 바라다다례 사마
니슈볘 슈례 바라제 슈람샤미제 반
타 반희 바아니 기마니 다바니 사
바하 니바라니 사바하

140 다냐타 보타보타보타 누마제 보디
보디 마례 식사야 사샤리 사다녜
사라디 다례다례 바라다다례 사마
니슈베 슈례 바라제 슈람샤미제 반
타 반희 바아니 기마니 다바니 사
바하 니바라니 사바하

141 다냐타 보타보타보타 누마제 보디
보디 마례 식사야 사샤리 사다녜
사라디 다례다례 바라다다례 사마
니슈베 슈례 바라제 슈람샤미제 반
타 반희 바아니 기마니 다바니 사
바하 니바라니 사바하

142 다냐타 보타보타보타 누마제 보디
보디 마례 식사야 사샤리 사다녜
사라디 다례다례 바라다다례 사마

니슈뻬 슈례 바라제 슈람샤미제 반타 반희 바아니 기마니 다바니 사바하 니바라니 사바하

[143] 다냐타 보타보타보타 누마제 보디보디 마례 식사야 사샤리 사다녜 사라디 다례다례 바라다다례 사마 니슈뻬 슈례 바라제 슈람샤미제 반타 반희 바아니 기마니 다바니 사바하 니바라니 사바하

[144] 다냐타 보타보타보타 누마제 보디보디 마례 식사야 사샤리 사다녜 사라디 다례다례 바라다다례 사마 니슈뻬 슈례 바라제 슈람샤미제 반타 반희 바아니 기마니 다바니 사바하 니바라니 사바하

145 다냐타 보라보라보라 누마제 보디
보디 마례 식사야 사샤리 사다녜
사라디 다례다례 바라다다례 사마
니슈볘 슈례 바라제 슈람샤미제 반
타 반희 바아니 기마니 다바니 사
바하 니바라니 사바하

146 다냐타 보라보라보라 누마제 보디
보디 마례 식사야 사샤리 사다녜
사라디 다례다례 바라다다례 사마
니슈볘 슈례 바라제 슈람샤미제 반
타 반희 바아니 기마니 다바니 사
바하 니바라니 사바하

147 다냐타 보라보라보라 누마제 보디
보디 마례 식사야 사샤리 사다녜
사라디 다례다례 바라다다례 사마

니슈볘 슈례 바라제 슈람샤미제 반
타 반희 바아니 기마니 다바니 사
바하 니바라니 사바하

¹⁴⁸ 다냐타 보타보타보타 누마제 보디
보디 마례 식사야 사샤리 사다녜
사라디 다례다례 바라다다례 사마
니슈볘 슈례 바라제 슈람샤미제 반
타 반희 바아니 기마니 다바니 사
바하 니바라니 사바하

¹⁴⁹ 다냐타 보타보타보타 누마제 보디
보디 마례 식사야 사샤리 사다녜
사라디 다례다례 바라다다례 사마
니슈볘 슈례 바라제 슈람샤미제 반
타 반희 바아니 기마니 다바니 사
바하 니바라니 사바하

¹⁵⁰다냐타 보타보타보타 누마제 보디 보디 마례 식사야 사샤리 사다녜 사라디 다례다례 바라다다례 사마니슈베 슈례 바라제 슈람샤미제 반타 반희 바아니 기마니 다바니 사바하 니바라니 사바하

보회향진언

옴 삼마라 삼마라 미만나 사라마하 자가라바 훔

장수멸죄長壽滅罪 호제동자다라니

바드미바 두미제비 해리해리 헤미제리 제라제
려 후라후려 유려유라 유려바라 바려문 제진
질 빈질 반서말질 지나가리 사바하

001 바드미바 두미제비 해리해리 헤
미제리 제라제려 후라후려 유려
유라 유려바라 바려문 제진질 빈
질 반서말질 지나가리 사바하

002 바드미바 두미제비 해리해리 헤
미제리 제라제려 후라후려 유려
유라 유려바라 바려문 제진질 빈
질 반서말질 지나가리 사바하

003 바드미바 두미제비 해리해리 헤
미제리 제라제려 후라후려 유려

유라 유려바라 바려문 제진질 빈질 반서말질 지나가리 사바하

004 바드미바 두미제비 해리해리 헤미제리 제라제려 후라후려 유려 유라 유려바라 바려문 제진질 빈질 반서말질 지나가리 사바하

005 바드미바 두미제비 해리해리 헤미제리 제라제려 후라후려 유려 유라 유려바라 바려문 제진질 빈질 반서말질 지나가리 사바하

006 바드미바 두미제비 해리해리 헤미제리 제라제려 후라후려 유려 유라 유려바라 바려문 제진질 빈질 반서말질 지나가리 사바하

007 바드미바 두미제비 해리해리 혜
미제리 제라제려 후라후려 유려
유라 유려바라 바려문 제진질 빈
질 반서말질 지나가리 사바하

008 바드미바 두미제비 해리해리 혜
미제리 제라제려 후라후려 유려
유라 유려바라 바려문 제진질 빈
질 반서말질 지나가리 사바하

009 바드미바 두미제비 해리해리 혜
미제리 제라제려 후라후려 유려
유라 유려바라 바려문 제진질 빈
질 반서말질 지나가리 사바하

010 바드미바 두미제비 해리해리 혜
미제리 제라제려 후라후려 유려

유라 유려바라 바려문 제진질 빈
질 반서말질 지나가리 사바하

011 바드미바 두미제비 해리해리 헤
미제리 제라제려 후라후려 유려
유라 유려바라 바려문 제진질 빈
질 반서말질 지나가리 사바하

012 바드미바 두미제비 해리해리 헤
미제리 제라제려 후라후려 유려
유라 유려바라 바려문 제진질 빈
질 반서말질 지나가리 사바하

013 바드미바 두미제비 해리해리 헤
미제리 제라제려 후라후려 유려
유라 유려바라 바려문 제진질 빈
질 반서말질 지나가리 사바하

014 바드미바 두미제비 해리해리 헤
미제리 제라제려 후라후려 유려
유라 유려바라 바려문 제진질 빈
질 반서말질 지나가리 사바하

015 바드미바 두미제비 해리해리 헤
미제리 제라제려 후라후려 유려
유라 유려바라 바려문 제진질 빈
질 반서말질 지나가리 사바하

016 바드미바 두미제비 해리해리 헤
미제리 제라제려 후라후려 유려
유라 유려바라 바려문 제진질 빈
질 반서말질 지나가리 사바하

017 바드미바 두미제비 해리해리 헤
미제리 제라제려 후라후려 유려

유라 유려바라 바려문 제진질 빈
질 반서말질 지나가리 사바하

018 바드미바 두미제비 해리해리 헤
미제리 제라제려 후라후려 유려
유라 유려바라 바려문 제진질 빈
질 반서말질 지나가리 사바하

019 바드미바 두미제비 해리해리 헤
미제리 제라제려 후라후려 유려
유라 유려바라 바려문 제진질 빈
질 반서말질 지나가리 사바하

020 바드미바 두미제비 해리해리 헤
미제리 제라제려 후라후려 유려
유라 유려바라 바려문 제진질 빈
질 반서말질 지나가리 사바하

021 바드미바 두미제비 해리해리 혜
미제리 제라제려 후라후려 유려
유라 유려바라 바려문 제진질 빈
질 반서말질 지나가리 사바하

022 바드미바 두미제비 해리해리 혜
미제리 제라제려 후라후려 유려
유라 유려바라 바려문 제진질 빈
질 반서말질 지나가리 사바하

023 바드미바 두미제비 해리해리 혜
미제리 제라제려 후라후려 유려
유라 유려바라 바려문 제진질 빈
질 반서말질 지나가리 사바하

024 바드미바 두미제비 해리해리 혜
미제리 제라제려 후라후려 유려

유라 유려바라 바려문 제진질 빈
질 반서말질 지나가리 사바하

025 바드미바 두미제비 해리해리 헤
미제리 제라제려 후라후려 유려
유라 유려바라 바려문 제진질 빈
질 반서말질 지나가리 사바하

026 바드미바 두미제비 해리해리 헤
미제리 제라제려 후라후려 유려
유라 유려바라 바려문 제진질 빈
질 반서말질 지나가리 사바하

027 바드미바 두미제비 해리해리 헤
미제리 제라제려 후라후려 유려
유라 유려바라 바려문 제진질 빈
질 반서말질 지나가리 사바하

028 바드미바 두미제비 해리해리 혜
미제리 제라제려 후라후려 유려
유라 유려바라 바려문 제진질 빈
질 반서말질 지나가리 사바하

029 바드미바 두미제비 해리해리 혜
미제리 제라제려 후라후려 유려
유라 유려바라 바려문 제진질 빈
질 반서말질 지나가리 사바하

030 바드미바 두미제비 해리해리 혜
미제리 제라제려 후라후려 유려
유라 유려바라 바려문 제진질 빈
질 반서말질 지나가리 사바하

031 바드미바 두미제비 해리해리 혜
미제리 제라제려 후라후려 유려

유라 유려바라 바려문 제진질 빈질 반서말질 지나가리 사바하

032 바드미바 두미제비 해리해리 헤미제리 제라제려 후라후려 유려 유라 유려바라 바려문 제진질 빈질 반서말질 지나가리 사바하

033 바드미바 두미제비 해리해리 헤미제리 제라제려 후라후려 유려 유라 유려바라 바려문 제진질 빈질 반서말질 지나가리 사바하

034 바드미바 두미제비 해리해리 헤미제리 제라제려 후라후려 유려 유라 유려바라 바려문 제진질 빈질 반서말질 지나가리 사바하

035 바드미바 두미제비 해리해리 헤미제리 제라제려 후라후려 유려유라 유려바라 바려문 제진질 빈질 반서말질 지나가리 사바하

036 바드미바 두미제비 해리해리 헤미제리 제라제려 후라후려 유려유라 유려바라 바려문 제진질 빈질 반서말질 지나가리 사바하

037 바드미바 두미제비 해리해리 헤미제리 제라제려 후라후려 유려유라 유려바라 바려문 제진질 빈질 반서말질 지나가리 사바하

038 바드미바 두미제비 해리해리 헤미제리 제라제려 후라후려 유려

유라 유려바라 바려문 제진질 빈
질 반서말질 지나가리 사바하

039 바드미바 두미제비 해리해리 헤
미제리 제라제려 후라후려 유려
유라 유려바라 바려문 제진질 빈
질 반서말질 지나가리 사바하

040 바드미바 두미제비 해리해리 헤
미제리 제라제려 후라후려 유려
유라 유려바라 바려문 제진질 빈
질 반서말질 지나가리 사바하

041 바드미바 두미제비 해리해리 헤
미제리 제라제려 후라후려 유려
유라 유려바라 바려문 제진질 빈
질 반서말질 지나가리 사바하

042 바드미바 두미제비 해리해리 헤미제리 제라제려 후라후려 유려 유라 유려바라 바려문제진질 빈질 반서말질 지나가리 사바하

043 바드미바 두미제비 해리해리 헤미제리 제라제려 후라후려 유려 유라 유려바라 바려문제진질 빈질 반서말질 지나가리 사바하

044 바드미바 두미제비 해리해리 헤미제리 제라제려 후라후려 유려 유라 유려바라 바려문제진질 빈질 반서말질 지나가리 사바하

045 바드미바 두미제비 해리해리 헤미제리 제라제려 후라후려 유려

유라 유려바라 바려문 제진질 빈
질 반서말질 지나가리 사바하

046 바드미바 두미제비 해리해리 헤
미제리 제라제려 후라후려 유려
유라 유려바라 바려문 제진질 빈
질 반서말질 지나가리 사바하

047 바드미바 두미제비 해리해리 헤
미제리 제라제려 후라후려 유려
유라 유려바라 바려문 제진질 빈
질 반서말질 지나가리 사바하

048 바드미바 두미제비 해리해리 헤
미제리 제라제려 후라후려 유려
유라 유려바라 바려문 제진질 빈
질 반서말질 지나가리 사바하

⁰⁴⁹ 바드미바 두미제비 해리해리 혜미제리 제라제려 후라후려 유려유라 유려바라 바려문 제진질 빈질 반서말질 지나가리 사바하

⁰⁵⁰ 바드미바 두미제비 해리해리 혜미제리 제라제려 후라후려 유려유라 유려바라 바려문 제진질 빈질 반서말질 지나가리 사바하

⁰⁵¹ 바드미바 두미제비 해리해리 혜미제리 제라제려 후라후려 유려유라 유려바라 바려문 제진질 빈질 반서말질 지나가리 사바하

⁰⁵² 바드미바 두미제비 해리해리 혜미제리 제라제려 후라후려 유려

유라 유려바라 바려문 제진질 빈
질 반서말질 지나가리 사바하

053 바드미바 두미제비 해리해리 헤
미제리 제라제려 후라후려 유려
유라 유려바라 바려문 제진질 빈
질 반서말질 지나가리 사바하

054 바드미바 두미제비 해리해리 헤
미제리 제라제려 후라후려 유려
유라 유려바라 바려문 제진질 빈
질 반서말질 지나가리 사바하

055 바드미바 두미제비 해리해리 헤
미제리 제라제려 후라후려 유려
유라 유려바라 바려문 제진질 빈
질 반서말질 지나가리 사바하

056 바드미바 두미제비 해리해리 헤미제리 제라제려 후라후려 유려유라 유려바라 바려문 제진질 빈질 반서말질 지나가리 사바하

057 바드미바 두미제비 해리해리 헤미제리 제라제려 후라후려 유려유라 유려바라 바려문 제진질 빈질 반서말질 지나가리 사바하

058 바드미바 두미제비 해리해리 헤미제리 제라제려 후라후려 유려유라 유려바라 바려문 제진질 빈질 반서말질 지나가리 사바하

059 바드미바 두미제비 해리해리 헤미제리 제라제려 후라후려 유려

유라 유려바라 바려문 제진질 빈
질 반서말질 지나가리 사바하

060 바드미바 두미제비 해리해리 헤
미제리 제라제려 후라후려 유려
유라 유려바라 바려문 제진질 빈
질 반서말질 지나가리 사바하

061 바드미바 두미제비 해리해리 헤
미제리 제라제려 후라후려 유려
유라 유려바라 바려문 제진질 빈
질 반서말질 지나가리 사바하

062 바드미바 두미제비 해리해리 헤
미제리 제라제려 후라후려 유려
유라 유려바라 바려문 제진질 빈
질 반서말질 지나가리 사바하

063 바드미바 두미제비 해리해리 헤미제리 제라제려 후라후려 유려유라 유려바라 바려문 제진질 빈질 반서말질 지나가리 사바하

064 바드미바 두미제비 해리해리 헤미제리 제라제려 후라후려 유려유라 유려바라 바려문 제진질 빈질 반서말질 지나가리 사바하

065 바드미바 두미제비 해리해리 헤미제리 제라제려 후라후려 유려유라 유려바라 바려문 제진질 빈질 반서말질 지나가리 사바하

066 바드미바 두미제비 해리해리 헤미제리 제라제려 후라후려 유려

유라 유려바라 바려문 제진질 빈
질 반서말질 지나가리 사바하

067 바드미바 두미제비 해리해리 헤
미제리 제라제려 후라후려 유려
유라 유려바라 바려문 제진질 빈
질 반서말질 지나가리 사바하

068 바드미바 두미제비 해리해리 헤
미제리 제라제려 후라후려 유려
유라 유려바라 바려문 제진질 빈
질 반서말질 지나가리 사바하

069 바드미바 두미제비 해리해리 헤
미제리 제라제려 후라후려 유려
유라 유려바라 바려문 제진질 빈
질 반서말질 지나가리 사바하

070 바드미바 두미제비 해리해리 헤
미제리 제라제려 후라후려 유려
유라 유려바라 바려문 제진질 빈
질 반서말질 지나가리 사바하

071 바드미바 두미제비 해리해리 헤
미제리 제라제려 후라후려 유려
유라 유려바라 바려문 제진질 빈
질 반서말질 지나가리 사바하

072 바드미바 두미제비 해리해리 헤
미제리 제라제려 후라후려 유려
유라 유려바라 바려문 제진질 빈
질 반서말질 지나가리 사바하

073 바드미바 두미제비 해리해리 헤
미제리 제라제려 후라후려 유려

유라 유려바라 바려문 제진질 빈
질 반서말질 지나가리 사바하

074 바드미바 두미제비 해리해리 헤
미제리 제라제려 후라후려 유려
유라 유려바라 바려문 제진질 빈
질 반서말질 지나가리 사바하

075 바드미바 두미제비 해리해리 헤
미제리 제라제려 후라후려 유려
유라 유려바라 바려문 제진질 빈
질 반서말질 지나가리 사바하

076 바드미바 두미제비 해리해리 헤
미제리 제라제려 후라후려 유려
유라 유려바라 바려문 제진질 빈
질 반서말질 지나가리 사바하

077 바드미바 두미제비 해리해리 헤미제리 제라제려 후라후려 유려유라 유려바라 바려문 제진질 빈질 반서말질 지나가리 사바하

078 바드미바 두미제비 해리해리 헤미제리 제라제려 후라후려 유려유라 유려바라 바려문 제진질 빈질 반서말질 지나가리 사바하

079 바드미바 두미제비 해리해리 헤미제리 제라제려 후라후려 유려유라 유려바라 바려문 제진질 빈질 반서말질 지나가리 사바하

080 바드미바 두미제비 해리해리 헤미제리 제라제려 후라후려 유려

유라 유려바라 바려문 제진질 빈
질 반서말질 지나가리 사바하

081 바드미바 두미제비 해리해리 헤
미제리 제라제려 후라후려 유려
유라 유려바라 바려문 제진질 빈
질 반서말질 지나가리 사바하

082 바드미바 두미제비 해리해리 헤
미제리 제라제려 후라후려 유려
유라 유려바라 바려문 제진질 빈
질 반서말질 지나가리 사바하

083 바드미바 두미제비 해리해리 헤
미제리 제라제려 후라후려 유려
유라 유려바라 바려문 제진질 빈
질 반서말질 지나가리 사바하

084 바드미바 두미제비 해리해리 헤
미제리 제라제려 후라후려 유려
유라 유려바라 바려문 제진질 빈
질 반서말질 지나가리 사바하

085 바드미바 두미제비 해리해리 헤
미제리 제라제려 후라후려 유려
유라 유려바라 바려문 제진질 빈
질 반서말질 지나가리 사바하

086 바드미바 두미제비 해리해리 헤
미제리 제라제려 후라후려 유려
유라 유려바라 바려문 제진질 빈
질 반서말질 지나가리 사바하

087 바드미바 두미제비 해리해리 헤
미제리 제라제려 후라후려 유려

유라 유려바라 바려문 제진질 빈
질 반서말질 지나가리 사바하

088 바드미바 두미제비 해리해리 헤
미제리 제라제려 후라후려 유려
유라 유려바라 바려문 제진질 빈
질 반서말질 지나가리 사바하

089 바드미바 두미제비 해리해리 헤
미제리 제라제려 후라후려 유려
유라 유려바라 바려문 제진질 빈
질 반서말질 지나가리 사바하

090 바드미바 두미제비 해리해리 헤
미제리 제라제려 후라후려 유려
유라 유려바라 바려문 제진질 빈
질 반서말질 지나가리 사바하

091 바드미바 두미제비 해리해리 헤미제리 제라제려 후라후려 유려유라 유려바라 바려문 제진질 빈질 반서말질 지나가리 사바하

092 바드미바 두미제비 해리해리 헤미제리 제라제려 후라후려 유려유라 유려바라 바려문 제진질 빈질 반서말질 지나가리 사바하

093 바드미바 두미제비 해리해리 헤미제리 제라제려 후라후려 유려유라 유려바라 바려문 제진질 빈질 반서말질 지나가리 사바하

094 바드미바 두미제비 해리해리 헤미제리 제라제려 후라후려 유려

유라 유려바라 바려문 제진질 빈
질 반서말질 지나가리 사바하

095 바드미바 두미제비 해리해리 헤
미제리 제라제려 후라후려 유려
유라 유려바라 바려문 제진질 빈
질 반서말질 지나가리 사바하

096 바드미바 두미제비 해리해리 헤
미제리 제라제려 후라후려 유려
유라 유려바라 바려문 제진질 빈
질 반서말질 지나가리 사바하

097 바드미바 두미제비 해리해리 헤
미제리 제라제려 후라후려 유려
유라 유려바라 바려문 제진질 빈
질 반서말질 지나가리 사바하

098 바드미바 두미제비 해리해리 헤미제리 제라제려 후라후려 유려유라 유려바라 바려문 제진질 빈질 반서말질 지나가리 사바하

099 바드미바 두미제비 해리해리 헤미제리 제라제려 후라후려 유려유라 유려바라 바려문 제진질 빈질 반서말질 지나가리 사바하

100 바드미바 두미제비 해리해리 헤미제리 제라제려 후라후려 유려유라 유려바라 바려문 제진질 빈질 반서말질 지나가리 사바하

101 바드미바 두미제비 해리해리 헤미제리 제라제려 후라후려 유려

유라 유려바라 바려문 제진질 빈
질 반서말질 지나가리 사바하

102 바드미바 두미제비 해리해리 헤
미제리 제라제려 후라후려 유려
유라 유려바라 바려문 제진질 빈
질 반서말질 지나가리 사바하

103 바드미바 두미제비 해리해리 헤
미제리 제라제려 후라후려 유려
유라 유려바라 바려문 제진질 빈
질 반서말질 지나가리 사바하

104 바드미바 두미제비 해리해리 헤
미제리 제라제려 후라후려 유려
유라 유려바라 바려문 제진질 빈
질 반서말질 지나가리 사바하

105 바드미바 두미제비 해리해리 혜미제리 제라제려 후라후려 유려유라 유려바라 바려문 제진질 빈질 반서말질 지나가리 사바하

106 바드미바 두미제비 해리해리 혜미제리 제라제려 후라후려 유려유라 유려바라 바려문 제진질 빈질 반서말질 지나가리 사바하

107 바드미바 두미제비 해리해리 혜미제리 제라제려 후라후려 유려유라 유려바라 바려문 제진질 빈질 반서말질 지나가리 사바하

108 바드미바 두미제비 해리해리 혜미제리 제라제려 후라후려 유려

유라 유려바라 바려문 제진질 빈
질 반서말질 지나가리 사바하

109 바드미바 두미제비 해리해리 헤
미제리 제라제려 후라후려 유려
유라 유려바라 바려문 제진질 빈
질 반서말질 지나가리 사바하

110 바드미바 두미제비 해리해리 헤
미제리 제라제려 후라후려 유려
유라 유려바라 바려문 제진질 빈
질 반서말질 지나가리 사바하

111 바드미바 두미제비 해리해리 헤
미제리 제라제려 후라후려 유려
유라 유려바라 바려문 제진질 빈
질 반서말질 지나가리 사바하

112 바드미바 두미제비 해리해리 헤
미제리 제라제려 후라후려 유려
유라 유려바라 바려문 제진질 빈
질 반서말질 지나가리 사바하

113 바드미바 두미제비 해리해리 헤
미제리 제라제려 후라후려 유려
유라 유려바라 바려문 제진질 빈
질 반서말질 지나가리 사바하

114 바드미바 두미제비 해리해리 헤
미제리 제라제려 후라후려 유려
유라 유려바라 바려문 제진질 빈
질 반서말질 지나가리 사바하

115 바드미바 두미제비 해리해리 헤
미제리 제라제려 후라후려 유려

유라 유려바라 바려문 제진질 빈
질 반서말질 지나가리 사바하

116 바드미바 두미제비 해리해리 혜
미제리 제라제려 후라후려 유려
유라 유려바라 바려문 제진질 빈
질 반서말질 지나가리 사바하

117 바드미바 두미제비 해리해리 혜
미제리 제라제려 후라후려 유려
유라 유려바라 바려문 제진질 빈
질 반서말질 지나가리 사바하

118 바드미바 두미제비 해리해리 헤
미제리 제라제려 후라후려 유려
유라 유려바라 바려문 제진질 빈
질 반서말질 지나가리 사바하

[119] 바드미바 두미제비 해리해리 헤
미제리 제라제려 후라후려 유려
유라 유려바라 바려문 제진질 빈
질 반서말질 지나가리 사바하

[120] 바드미바 두미제비 해리해리 헤
미제리 제라제려 후라후려 유려
유라 유려바라 바려문 제진질 빈
질 반서말질 지나가리 사바하

[121] 바드미바 두미제비 해리해리 헤
미제리 제라제려 후라후려 유려
유라 유려바라 바려문 제진질 빈
질 반서말질 지나가리 사바하

[122] 바드미바 두미제비 해리해리 헤
미제리 제라제려 후라후려 유려

유라 유려바라 바려문 제진질 빈질 반서말질 지나가리 사바하

[123] 바드미바 두미제비 해리해리 헤미제리 제라제려 후라후려 유려 유라 유려바라 바려문 제진질 빈질 반서말질 지나가리 사바하

[124] 바드미바 두미제비 해리해리 헤미제리 제라제려 후라후려 유려 유라 유려바라 바려문 제진질 빈질 반서말질 지나가리 사바하

[125] 바드미바 두미제비 해리해리 헤미제리 제라제려 후라후려 유려 유라 유려바라 바려문 제진질 빈질 반서말질 지나가리 사바하

126 바드미바 두미제비 해리해리 헤
미제리 제라제려 후라후려 유려
유라 유려바라 바려문 제진질 빈
질 반서말질 지나가리 사바하

127 바드미바 두미제비 해리해리 헤
미제리 제라제려 후라후려 유려
유라 유려바라 바려문 제진질 빈
질 반서말질 지나가리 사바하

128 바드미바 두미제비 해리해리 헤
미제리 제라제려 후라후려 유려
유라 유려바라 바려문 제진질 빈
질 반서말질 지나가리 사바하

129 바드미바 두미제비 해리해리 헤
미제리 제라제려 후라후려 유려

유라 유려바라 바려문 제진질 빈
질 반서말질 지나가리 사바하

130 바드미바 두미제비 해리해리 헤
미제리 제라제려 후라후려 유려
유라 유려바라 바려문 제진질 빈
질 반서말질 지나가리 사바하

131 바드미바 두미제비 해리해리 헤
미제리 제라제려 후라후려 유려
유라 유려바라 바려문 제진질 빈
질 반서말질 지나가리 사바하

132 바드미바 두미제비 해리해리 헤
미제리 제라제려 후라후려 유려
유라 유려바라 바려문 제진질 빈
질 반서말질 지나가리 사바하

133 바드미바 두미제비 해리해리 헤미제리 제라제려 후라후려 유려유라 유려바라 바려문 제진질 빈질 반서말질 지나가리 사바하

134 바드미바 두미제비 해리해리 헤미제리 제라제려 후라후려 유려유라 유려바라 바려문 제진질 빈질 반서말질 지나가리 사바하

135 바드미바 두미제비 해리해리 헤미제리 제라제려 후라후려 유려유라 유려바라 바려문 제진질 빈질 반서말질 지나가리 사바하

136 바드미바 두미제비 해리해리 헤미제리 제라제려 후라후려 유려

유라 유려바라 바려문 제진질 빈
질 반서말질 지나가리 사바하

137 바드미바 두미제비 해리해리 헤
미제리 제라제려 후라후려 유려
유라 유려바라 바려문 제진질 빈
질 반서말질 지나가리 사바하

138 바드미바 두미제비 해리해리 헤
미제리 제라제려 후라후려 유려
유라 유려바라 바려문 제진질 빈
질 반서말질 지나가리 사바하

139 바드미바 두미제비 해리해리 헤
미제리 제라제려 후라후려 유려
유라 유려바라 바려문 제진질 빈
질 반서말질 지나가리 사바하

140 바드미바 두미제비 해리해리 헤
미제리 제라제려 후라후려 유려
유라 유려바라 바려문 제진질 빈
질 반서말질 지나가리 사바하

141 바드미바 두미제비 해리해리 헤
미제리 제라제려 후라후려 유려
유라 유려바라 바려문 제진질 빈
질 반서말질 지나가리 사바하

142 바드미바 두미제비 해리해리 헤
미제리 제라제려 후라후려 유려
유라 유려바라 바려문 제진질 빈
질 반서말질 지나가리 사바하

143 바드미바 두미제비 해리해리 헤
미제리 제라제려 후라후려 유려

유라 유려바라 바려문 제진질 빈
질 반서말질 지나가리 사바하

144 바드미바 두미제비 해리해리 헤
미제리 제라제려 후라후려 유려
유라 유려바라 바려문 제진질 빈
질 반서말질 지나가리 사바하

145 바드미바 두미제비 해리해리 헤
미제리 제라제려 후라후려 유려
유라 유려바라 바려문 제진질 빈
질 반서말질 지나가리 사바하

146 바드미바 두미제비 해리해리 헤
미제리 제라제려 후라후려 유려
유라 유려바라 바려문 제진질 빈
질 반서말질 지나가리 사바하

¹⁴⁷ 바드미바 두미제비 해리해리 헤미제리 제라제려 후라후려 유려유라 유려바라 바려문 제진질 빈질 반서말질 지나가리 사바하

¹⁴⁸ 바드미바 두미제비 해리해리 헤미제리 제라제려 후라후려 유려유라 유려바라 바려문 제진질 빈질 반서말질 지나가리 사바하

¹⁴⁹ 바드미바 두미제비 해리해리 헤미제리 제라제려 후라후려 유려유라 유려바라 바려문 제진질 빈질 반서말질 지나가리 사바하

¹⁵⁰ 바드미바 두미제비 해리해리 헤미제리 제라제려 후라후려 유려

유라 유려바라 바려문 제진질 빈질 반서말질 지나가리 사바하

보회향진언

옴 삼마라 삼마라 미만나 사라마하 자가라바 훔

사경 끝난 날 : 불기 _____ 년 ____ 월 ____ 일

다라니(진언) 사경 3
태고와 어린이를 위한 진언

초판 1쇄 인쇄 2014년 10월 27일 | **초판 1쇄 발행** 2014년 11월 4일
엮은이 편집부 | **펴낸이** 김시열
펴낸곳 도서출판 운주사

　　　(136-034) 서울시 성북구 동소문로 67-1번지 성심빌딩 3층
　　　전화 (02) 926-8361 | 팩스 (0505) 115-8361

ISBN 978-89-5746-394-9　04220　　값 5,000원
ISBN 978-89-5746-391-8　(세트)